367 **VERHAEREN**. Les campagnes hallucinées. Bruxelles, Deman, 1893 1 vol. in-8, br., couv. imp. 20 fr. *Edit. orig., très rare.*

99. **VERHAEREN** (Émile). **Les Campagnes hallucinées.** Bruxelles, Deman, 1893, 1 vol. — **Les Villes tentaculaires.** Bruxelles, Deman, 1895, 1 vol. — **Les Aubes.** Bruxelles, Deman, 1898, 1 volume. Ensemble 3 volumes, gr. in-8°, brochés, couv. imprimée... **300 fr.** Éditions originales, tirées à petit nombre, de ces 3 ouvrages qui forment ensemble une trilogie classée au premier rang dans l'œuvre du grand poète belge. Exemplaire en parfait état, avec ses couvertures très fraîches.

TIRAGE A 315 EXEMPLAIRES :

5 sur Japon Impérial numérotés de . . 1 à 5
10 sur Hollande   —   . 6 à 15
300 sur vélin teinté —   16 à 315

Les Campagnes Hallucinées *sont le premier cahier d'une série qu'achèveront* « Les Villes Tentaculaires » *(poèmes) et* « Les Aubes » *(drame).*

les Campagnes hallucinées

Acquisition 279934

A Victor DESMETH

en sòuvenir

la Ville

Tous les chemins vont vers la ville.

Montueuse de brume,
Là-bas, avec ses étages
En voyage vers des étages,
Comme d'un rêve, elle s'exhume.

Là-bas,
Ce sont des ponts tressés de fer
Comme des bonds à travers l'air;
Ce sont des blocs et des colonnes
En faces rouges de gorgonnes;
Ce sont des tours sur des faubourgs
Ce sont des toits et des pignons
En vols pliés sur les maisons.

C'est la ville tentaculaire,
La pieuvre ardente et l'ossuaire.
Debout,
Au bout des plaines
Et des domaines.

Des lanternes météoriques
Sur des poteaux et des grands mâts,
Même à midi, brûlent encor
Comme des œufs monstrueux d'or ;
Le soleil clair ne se voit pas :
Bouche qu'il est de lumière, fermée
Par le charbon et la fumée.

Un fleuve de naphte et de poix
Bat les môles de pierre et les pontons de bois ;
Les sifflets crus des navires qui passent
Hurlent la peur dans le brouillard :
Un signal rouge est leur regard
Vers l'océan et les espaces.

Des quais sonnent aux entrechocs de leurs fourgons,
Des tombereaux grincent comme des gonds,
Des madriers de fer soulèvent des cubes d'ombre
Et les glissent soudain en des sous-sols de feu ;
Des ponts s'ouvrant par le milieu,
Entre les mâts touffus dressent un gibet sombre

*Et des lettres de cuivre inscrivent l'univers,
Immensément, par à travers
Les toits, les boutiques et les murailles,
Face à face, comme en bataille.*

*Par au-dessus, passent les cabs, filent les roues,
Roulent les trains, vole l'effort,
Jusqu'aux gares, dressant, telles des proues
Immobiles, de mille en mille, un fronton d'or.
Les rails raméfiés rampent sous terre
En leurs tunnels et leurs cratères
Pour s'orager en réseaux clairs d'éclairs
Dans le vacarme et la poussière.*

C'est la ville tentaculaire.

*La rue — et ses remous comme des câbles
Noués autour des monuments —
Fuit et revient en longs enlacements
Et ses foules inextricables
Les mains folles, les pas fiévreux,
La haine aux yeux,
Happent des dents le temps qui les devance.
A l'aube, au soir, la nuit,
Dans le tumulte et la querelle, ou dans l'ennui,
Elles jettent vers le hasard l'âpre semence
De leur labeur que l'heure emporte.*

*Et les comptoirs mornes et noirs
Et les bureaux louches et faux
Et les banques battent des portes
Aux coups de vent de leur démence.*

*Dehors, une lumière ouatée,
Trouble et rouge, comme un haillon qui brûle,
De réverbère en réverbère se recule.
La vie, avec des flots d'alcool est fermentée.
Les bars ouvrent sur les trottoirs
Leurs tabernacles de miroirs
Où se mirent l'ivresse et la bataille ;
Une aveugle s'appuie à la muraille
Et vend de la lumière en des boîtes d'un sou ;
La débauche et la faim s'accouplent en leur trou
Et le choc noir des détresses charnelles
Danse et bondit à mort dans les ruelles.*

*Et coup sur coup, le rut grandit encore
Et la rage devient tempête :
On s'écrase sans plus se voir, en quête
Du plaisir d'or et de phosphore ;
Des femmes s'avancent, pâles idoles,
Avec, en leurs cheveux, les sexuels symboles.
L'atmosphère fuligineuse et rousse
Parfois vers le soleil recule et se retrousse*

Et c'est alors comme un grand cri jeté
Du tumulte total vers la clarté ;
Places, hôtels, maisons, marchés,
Ronflent et s'enflamment si fort de violence
Que les mourants cherchent en vain le moment de silence
Qu'il faut aux yeux pour se fermer.

Telle, le jour — pourtant, lorsque les soirs
Sculptent le firmament de leurs marteaux d'ébène,
La ville au loin s'étale et domine la plaine
Comme un nocturne et colossal espoir ;
Elle surgit : désir, splendeur, hantise ;
Sa clarté se projette en miroirs jusqu'aux cieux,
Son gaz myriadaire en buissons d'or s'attise,
Ses rails sont des chemins audacieux
Vers le bonheur fallacieux
Que la fortune et la force accompagnent ;
Ses murs s'enflent pareils à une armée
Et ce qui vient d'elle encore de brume et de fumée
Arrive en appels clairs vers les campagnes.

C'est la ville tentaculaire,
La pieuvre ardente et l'ossuaire
Et la carcasse solennelle.

Et les chemins d'ici s'en vont, à l'infini
Vers elle.

II

les Plaines

Sous la tristesse et l'angoisse des cieux
Les lieues
S'en vont autour des plaines;
Sous les cieux bas
Dont les nuages traînent,
Immensement les lieues
Marchent, là-bas.

Droites sur des chaumes, les tours;
Et des gens las, par tas,
Qui vont de bourgs en bourgs.

Les gens vaguants
Comme la route, ils ont cent ans;
Ils vont de plaine en plaine
Depuis toujours, à travers temps

*Les précèdent ou bien les suivent
Les charrettes dont les files dérivent
Vers les hameaux et les venelles,
Les charrettes perpétuelles
Criant le lamentable cri
Le jour, la nuit,
De leurs essieux vers l'infini.*

*C'est la plaine, la plaine
Immensement à perdre haleine.*

*De pauvres clos ourlés de haies
Ecartèlent leur sol en tabliers de plaies;
De pauvres clos, de pauvres fermes,
Les portes lâches
Et les chaumes comme des bâches
Que le vent troue à coups de hache.
Autour, ni trèfle vert, ni luzerne rougie,
Ni lin, ni blé, ni frondaisons, ni germes,
Depuis longtemps, l'arbre par la foudre cassé
Monte, devant le seuil usé,
Comme un malheur en effigie.*

*C'est la plaine, la plaine blême,
Interminablement toujours la même.*

*Par au-dessus, souvent,
Rage si fort le vent*

Que l'on dirait le ciel fendu
Aux coups de boxe
De l'équinoxe.
Novembre hurle ainsi qu'un loup,
Lamentable, par le soir fou.
Les ramilles et les feuilles gelées
Passent giflées
Sur les mares, dans les allées
Et les grands bras des Christ funèbres
Aux carrefours, par les ténèbres,
Semblent grandir et tout à coup partir
En cris de peur vers le soleil perdu.

C'est la plaine, la plaine
Où ne vague que crainte et peine.

Les rivières stagnent ou sont taries,
Les flots n'arrivent plus jusqu'aux prairies,
Les énormes digues de tourbe
Inutiles, arquent leur courbe.
Comme le sol, les eaux sont mortes ;
Parmi les îles en escortes
Vers la mer, où les anses encor se mirent,
Les haches et les marteaux voraces
Dépècent les carcasses
Pourrissantes, de vieux navires.

*C'est la plaine, la plaine
Immensement à perdre haleine,
Où circulent, par les ornières,
Par à travers l'identité
Des toujours champs de pauvreté,
Les désespoirs et les misères ;
C'est la plaine, la plaine
Que naviguent des vols immenses
D'oiseaux criant la mort
En des houles de cieux au Nord.
C'est la plaine, la plaine
Mate et longue comme la haine,
La plaine et le pays sans fin
D'un blanc soleil comme la faim,
Où, sur le fleuve solitaire,
Tourne aux remous le cœur en loques de la terre.*

chanson de Fou

*Le crapaud noir sur le sol blanc
Me fixe indubitablement
Avec des yeux plus grands que n'est grande sa tête;
Ce sont les yeux qu'on m'a volés
Quand mes regards s'en sont allés
Un soir, que je tournai la tête.*

*Mon frère il est quelqu'un qui ment,
Avec de la farine entre ses dents ;
C'est lui, jambes et bras en croix,
Qui tourne au loin, là-bas,
Qui tourne au vent
Sur ce moulin de bois.*

*Et celui-ci, c'est mon cousin
Qui fut curé et but si fort du vin
Que le soleil en devient rouge,
J'ai su qu'il habitait un bouge
Avec des morts dans ses armoires.*

*Car nous avons pour génitoires
Deux cailloux
Et pour monnaie un sac de poux,
Nous, les trois fous,
Qui épousons, au clair de lune,
Trois folles dames sur la dune.*

le Donneur de mauvais conseils

Par les taillis et par les pueils,
Rôde en maraude
Le donneur de mauvais conseils.

La vieille carriole en bois vert-pomme
Qui l'emmena, on ne sait d'où,
Une folle la garde avec son homme
Aux carrefours des chemins mous.
Le cheval paît l'herbe d'automne,
Près d'une mare monotone,
Dont l'eau malade réverbère
Le soir de pluie et de misère
Qui tombe en loques sur la terre.

Le donneur de mauvais conseils
Est attendu dans le village
A l'heure où tombe le soleil.

Il est le visiteur oblique et louche
Qui, de ferme en ferme, s'abouche
Quand la détresse et la ruine
Ronflent en tempêtes sur les chaumines.
Il est celui qui frappe à l'huis
Tenacement et vient s'asseoir
Lorsque le hâve désespoir,
Fixe ses regards droits
Sur le feu mort des âtres froids.

En habits vieux comme ses yeux,
Avec, par au-dessus, la blouse lâche
Où, dans les plis, se cachent
Les fioles et les poisons,
Mi-paysan, mi-charlatan
Retors, étroit, ratatiné,
Mains finaudes, ongles fanés,
Il égrène ainsi qu'un texte
Les faux moyens et les prétextes
Et les foisons des mauvaises raisons.

*On l'écoute, qui lentement marmonne,
Toujours ardent et monotone,
Prenant à part chacun de ceux
Dont les arpents sont cancéreux,
Dont les moissons sont vaines
Et qui regardent devant eux
Las, trébuchants et malchanceux,
La mort venir du bout des plaines de leurs haines.*

*A qui, devant sa lampe éteinte,
Seul avec soi, quand minuit tinte,
Regarde aux murs de sa chaumière
Les trous grandir des vers de la misère,
Sans qu'un secours ne lui vienne jamais,
Il conseille d'aller, au fond de l'eau,
Mordre des dents les exsangues reflets
De sa face dans un marais.*

*A tel qui branle et traîne un corps
Comme un haillon à un bâton,
Usé des yeux, tari d'efforts,
A qui grimace sa vieillesse
Devant l'orgueil du vieux soleil,
Il reproche les avanies,*

*Que font ses fils qui le renient
A l'infini de sa faiblesse.*

*Il pousse au mal la fille ardente,
Avec du crime au bout des doigts,
Avec des yeux comme la poix
Et des regards qui violentent.
Il attise son cœur aux vices
Qu'il souffle à mots cuisants et rouges,
Pour qu'en elle, la femelle et la gouge
Biffent la mère et la nourrice,
Et que sa chair soit aux amants,
Morte, comme ossements et pierres
Du cimetière.*

*Aux vieux couples qui font l'usure
Depuis que les malheurs ravagent
Les villages, à coups de rage,
Il vend les moyens sûrs
Et la tenacité qui réussit toujours
A ruiner hameaux et bourgs,
Quand, avec l'or, tapi au creux
De l'armoire crasseuse et de l'alcove immonde,
On s'imagine en un logis lépreux
Etre le roi qui tient le monde.*

*Enfin, il est le conseiller de ceux
Qui profanent la nuit des saints dimanches
Au tout à coup brasier de leurs granges de planches.
Il indique l'heure précise
Où le tocsin sommeille aux tours d'église
Où seul, avec ses yeux insoucieux,
Le silence regarde faire.
Ses gestes secs et entêtés
Numérotent ses volontés,
Et l'ombre de ses doigts griffe d'entailles
Le crépi blanc de la muraille.*

*Et pour conclure il verse à tous
Un peu du fiel de son vieux cœur
Moisi de haine et de rancœur
Et désigne le rendez-vous,
— Quand ils voudront, — au loin des bordes.
Où, près de l'arbre, ils trouveront
Pour se brancher un bout de corde.*

*Ainsi va-t-il de ferme en ferme
Plus volontiers, lorsque le terme
Au tiroir vide inscrit sa date,
Le corps craquant comme des lattes,*

*Le cou maigre, le pas traînant,
Mais inusable et permanent.
Avec sa pauvre carriole
Avec son fou, avec sa folle,
Qui l'attendent, jusqu'au matin,
Au carrefour des grands chemins.*

chanson de Fou

Je les ai vus, je les ai vus
Ils passaient par les sentes
Avec leurs yeux comme des fentes
Et leurs barbes comme du chanvre.

Deux bras de paille,
Un dos de foin,
Blessés, troués, disjoints,
Ils s'en venaient des loins,
Comme d'une bataille.

Un chapeau mou sur leur oreille,
Un habit vert comme l'oseille
Ils étaient deux, ils étaient trois,
J'en ai vu dix, qui revenaient du bois.

*L'un d'eux a pris mon âme
Et mon âme comme une cloche
Vibre en sa poche.*

*L'autre a pris ma peau,
Ne le dites à personne,
Ma peau de vieux tambour
Qui sonne.*

*Quant à mes pieds, ils sont liés
Par des cordes au terrain ferme
Regardez-moi, regardez-moi,
Je suis un terme.*

*Un paysan est survenu
Qui nous piqua dans le sol nu,
Eux tous et moi, vieilles défroques,
Dont les enfants se moquent.*

*Et nous servons d'épouvantails qui bougent
Aux corbeaux rouges.*

Je suis un terme.

pélérinage

*Où vont les vieux paysans noirs
Par les couchants en or des soirs
Dans les campagnes rouges ?*

*A grands coups d'ailes affolées
En leurs toujours folles volées
Les moulins fous fauchent le vent ;*

*Les cormorans du vieil automne
Clament de l'ombre — et le ciel tonne
Comme un tocsin parmi la nuit.*

*C'est l'heure au loin de la terreur,
Où vole en son charroi d'horreur,
Le vieux Satan des labours rouges.*

Tâches de noir, tâches de mort,
Par la campagne en grand deuil d'or,
Où vont les vieux silencieux?

Quelqu'un a dû frapper l'été
De mauvaise fécondité
Le blé, très dru, ne fut que paille;

Les bonnes eaux n'ont point coulé
Par les veines du champ brûlé;
Quelqu'un a dû frapper les sources;

Quelqu'un a dû sécher la vie,
Comme une gorge inassouvie,
D'un seul grand coup vide un plein verre.

Tâches de noir, tâches de mort,
Par la campagne en grand deuil d'or
Où vont les vieux et leur misère?

Le semeur d'or des mauvais germes,
Aux jours d'Avril dorant les fermes,
Les vieux l'ont tous senti passer;

Ils l'ont perçu morne et railleur,
Penché sur les moissons en fleur,
Plein de foudre, comme l'orage;

*Les vieux n'ont rien osé se dire
Alors, craignant son rire
Et que peut-être il ne revint.*

*Et tous, sachant qu'il est moyen
D'aller fléchir Satan payen,
Qui règne encor sur la moisson.*

*Tâches de noir, tâches de mort,
Par la campagne en grand deuil d'or,
Où vont les vieux et leur frisson ?*

*Les cormorans fatals et lourds,
Infiniment girent leurs tours
De vol immense au nord des plaines;*

*A grands coups d'ailes affolées,
En leurs toujours mêmes volées,
Les moulins fous fauchent le vent;*

*Les mains rouges de la tempête
Eparpillent de la défaite
En loques grandes vers la peur.*

*Tâches de noir, tâches de mort,
Par la campagne en grand deuil d'or,
Où vont les vieux et leur stupeur ?*

*Le semeur d'or du mauvais blé
Entend venir ce défilé
D'hommes qui se taisent et marchent;

Il sait que seuls ils ont encore
Sa croyance dans chaque pore
De leur frayeur de l'inconnu;

Qu'obstinément, ils dérobent en eux
Son culte, sombre et lumineux,
Comme un minuit blanc de mercure;

Et qu'ils redoutent ses révoltes,
Et qu'ils supplient pour leurs récoltes
Plus devant lui que devant Dieu.

Tâches de noir, tâches de mort,
Par la campagne en grand deuil d'or,
Où vont les vieux porter leur vœu?

Le Satan d'or des champs brûlés
Et des fermiers ensorcelés
Qui font des croix de la main gauche,

Ce soir, dans le bois d'ombre et de feu rouge
Sur un bloc noir qui soudain bouge,
Depuis une heure est accoudé;*

*Les vieux ont pu l'apercevoir
Avec des yeux dardés vers eux,
D'entre ses cils de chardons morts.*

*Et tous ils ont senti qu'il écoutait
Les silences de leur souhait
Et leur prière uniquement pensée.*

*Alors, subitement,
Avec des gestes joints
Tendus vers lui de loin,
Pour seule offrande et seuls indices
En un grand feu de branches lisses,
Ils ont jeté un chat vivant.
La bête, les pattes pliées,
Est morte, en des rages liées.*

*Après : vers son chaume tanné
De vents d'automne et de grand froid,
Chacun, par un chemin à soi,
Sans rien savoir, est retourné.*

chanson de Fou

Brisez-leur pattes et vertèbres,
Chassez les rats, les rats.
Et puis versez du froment noir,
Le soir,
Dans les ténèbres.

Jadis, lorsque mon cœur cassa,
Une femme le ramassa
Pour le donner aux rats.

— Brisez-leur pattes et vertèbres.

Souvent je les ai vus dans l'âtre,
Tâches d'encre parmi le plâtre,
Qui grignottaient ma mort.

— Brisez-leur pattes et vertèbres.

L'un deux, je l'ai senti
Grimper sur moi, la nuit,
Et mordre encor le fond du trou
Que fit, dans ma poitrine,
L'arrachement de mon cœur fou.

— Brisez-leur pattes et vertèbres.

Ma tête à moi les vents y passent,
Les vents qui passent sous la porte,
Et les rats de haut en bas
Peuplent ma tête morte.

— Brisez-leur pattes et vertèbres.

Car personne ne sait plus rien,
Et qu'importent le mal, le bien,
Les rats, les rats sont là, par tas
Dites, verserez-vous ce soir
Le froment noir,
A pleines mains, dans les ténèbres ?

les Fièvres

*La plaine, au loin, est uniforme et morne
Et l'étendue est veule et grise
Et Novembre qui se précise
Bat l'infini d'une aile grise.*

*De village en village, un vent moisi
Appose aux champs sa flétrissure;
L'air est moite, le sol ainsi
Que pourriture et bouffissure.*

*Sous leurs torchis qui se lézardent,
Les chaumières là-bas regardent*

Comme des bêtes qui ont peur,
Et seuls les grands oiseaux d'espace
Jettent sur leurs chaumes et leur frayeur
Le cri des angoisses qui passent.

L'heure est venue aux soirs ouateux et mous
Des automnes apostumés,
Quand les marais visqueux et blancs,
Dans leurs remous,
A longs bras lents
Brassent les fièvres empoisonnées.

Sur les étangs en plate-bandes,
Les fleurs comme des glandes
Et les mousses comme des viandes
S'étendent.

Bosses et chocs et trous d'ulcères,
Quelques saules bordent les anses
Où des flottilles de viscères
A la surface, se balancent.

*Parfois, comme un hoquet,
Un flot pâteux mine la rive
Et la glaise, comme un paquet,
Tombe dans l'eau de bile et de salive.*

*L'étang s'apaise, qui remuait ses rides.
Les crapauds noirs, à fleur de boue,
Gonflent leur peau et leur gadoue.
Et la lune monstrueuse préside :
Telle l'hostie
De l'inertie.*

*De la vase profonde et jaune
D'où s'érigent, longues d'une aune
Les herbes d'eau et les roseaux,
Des brouillards lents comme des traînes,
Déplient leur flottement parmi les draines ;
On les peut suivre, à travers champs,
Vers les chaumes et les murs blancs ;
Leurs fils subtils de pestilence
Tissent la robe de silence,
Gaze verte, tulle blême,
Avec laquelle, au loin, la fièvre se promène.*

La fièvre,
Elle est celle qui marche,
Sournoisement, voûtée en arche,
Et personne n'entend son pas.
Si la poterne des fermes ne s'ouvre pas,
Si la fenêtre est close,
Elle pénètre quand même et se repose
Sur la chaise des vieux que les ans ploient,
Dans les berceaux où les petits larmoient
Et quelquefois elle se couche
Aux lits profonds où l'on fait souche.

Avec ses vieilles mains dans l'âtre encor rougeâtre,
Elle attise les maladies
Non éteintes quoiqu'engourdies ;
Elle s'insinue au pain qu'on mange
A l'eau morne changée en fange ;
Elle monte jusqu'aux greniers
Dort dans les sacs et les paniers
Et comme une impalpable cendre,
Sans rien voir, on sent d'elle la mort descendre.

Inutiles, vœux et pèlerinages
Et seins où l'on abrite les petits
Et bras en croix vers les images
Des bons Anges et des vieux Christ,

Le mal hâve s'est installé dans la demeure :
Il vient, chaque vesprée, à tel moment,
Déchiqueter la plainte et le tourment,
Au régulier tic tac de l'heure ;
Les mendiants n'arrivent plus souvent
A la porte ni à l'auvent
Prier qu'on les gare du froid,
Les moineaux francs quittent le toit
Et l'horloge surgit déjà
Celle, debout, qui sonnera
Après la voix éteinte et la raison finie,
L'agonie.

En attendant, la fièvre c'est : languir ;
Les malades rapetissés,
Leurs habits lourds, leurs bras cassés,
Avec, en main, leurs chapelets,
Quittant leur lit, s'y recouchant,
Fuyant la mort et la cherchant,
Bégaient et vacillent leurs plaintes,
Pauvres lumières, presqu'éteintes.

Ils se traînent de chaumière en chaumière
Et d'âtre en âtre,
Se voir et doucement s'apitoyer
Sur la dîme d'hommes qu'il faut payer

*Atrocement à leur pays marâtre ;
Des silences profonds coupent les litanies
De leurs misères infinies ;
Et, longuement, parfois, ils se regardent
Au jour douteux de la fenêtre,
Et longuement, avec des pleurs,
Comme s'ils voulaient se reconnaître
Lorsque leurs yeux seront ailleurs.*

*Ils se sentent de trop autour des tables
Où l'on mange rapidement
Un repas pauvre et lamentable ;
Leur cœur se serre en dénûment ;
On les isole et les bêtes les flairent
Et les jurons et les colères
Volent autour de leur tourment.*

*Aussi, lorsque la nuit, ne dormant pas,
Ils s'agitent entre leurs draps,
Songeant qu'aux alentours, de village en village,
Les brouillards blancs sont en voyage,
Voudraient-ils ouvrir la porte
Pour que d'un coup la fièvre les emporte
Vers les étangs en plante-bandes
Où les plantes comme des glandes
Et les mousses comme des viandes
S'étendent,*

Où s'écoute, comme un hoquet,
Un flot pâteux miner la rive
Où leur corps mort, comme un paquet,
Choierait dans l'eau de bile et de salive.

Mais la lune, là-bas, préside,
Telle l'hostie
De l'inertie.

chanson de Fou

*Celui qui n'a rien dit
Est mort, le cœur muet,
Lorsque la nuit
Sonnait
Ses douze coups
Au cœur des minuits fous.*

*— Nouez-le vite en un linceuil de paille,
Les poings coupés, et qu'il s'en aille.*

*Celui qui n'a rien dit
M'a pris mon âme et mon esprit,
Il a sculpté mon crâne
En navet creux, dont mes prunelles
Sont les chandelles.*

— Nouez-le donc, nouez le mort
Rageusement, en son linceuil de paille.

Celui qui n'a rien dit
Dormait sous le rameau bénit,
Avec sa femme, en un grand lit,
Quand j'ai tapé comme une bête
Avec une pierre contre sa tête.

Derrière le mur de son front
Battait mon cerveau noir,
Matin et soir, je l'entendais
Et le voyais qui m'invoquait.
D'un rythme lourd comme un hoquet;
Il se plaignait de tant souffrir
Et d'être là, hors de moi-même, et d'y pourrir
Comme les loques d'une viande
Pendue au clou, au fond d'un trou.

Celui qui n'a rien dit, même des yeux,
Qu'on lui coupe le cœur en deux,
Et qu'il s'en aille
En son linceuil de paille.

Que sa femme qui le réclame
Et hurle après son âme,

Ainsi qu'une chienne, la nuit,
Se taise ou bien s'en aille aussi
Et le suive en vassale :
Moi je veux être
Le maître
D'une cervelle colossale.

— Nouez le mort en de la paille
Comme un paquet de ronces
Et qu'on piétine et qu'on travaille
La terre où il s'enfonce.

Je suis le fou des vieilles plaines,
Infiniment que bat le vent,
A grand's coups d'ailes,
Comme les peines éternelles ;
Le fou qui veut rester debout,
Avec sa tête jusqu'au bout
Des temps futurs où Jésus-Christ
Viendra juger l'âme et l'esprit,
Comme il est dit
Ainsi soit-il.

le Péché

Sur sa butte que le vent giffle,
Il tourne et fauche et ronfle et siffle
Le vieux moulin des péchés vieux
Et des forfaits astucieux.

Il geint des pieds jusqu'à la tête,
Sur fond d'orage et de tempête,
Lorsque l'automne et les nuages
L'échevèlent de leurs voyages.

L'hiver, quand la campagne est éborgnée,
Il apparaît : une araignée
Colossale, tissant ses toiles
Jusqu'aux étoiles.

C'est le moulin des vieux péchés.

Qui l'écoute parmi les routes
Entend battre le cœur du diable
Dans sa carcasse insatiable.

Un travail d'ombre et de ténèbres
S'y fait pendant les nuits funèbres,
Quand la lune fendue
Gît-là, sur le carreau de l'eau,
Comme une hostie atrocement mordue.

C'est le moulin de la ruine
Qui moud le mal et le répand aux champs,
Infini, comme une bruine.

Ceux qui sournoisement écornent
Le champ voisin en déplaçant les bornes;
Ceux qui, valets d'autrui, sèment l'ivraie
Au lieu de l'orge vraie;
Ceux qui jettent les poisons clairs dans l'eau
Où l'on amène le troupeau;
Ceux qui, par les nuits seules,
En brasiers d'or font s'écrouler les meules
Ont passé tous par le moulin.

Encor :

Les conjureurs de sort et les sorcières
Que vont trouver les filles-mères ;
Ceux qui cachent dans les fourrés
Leurs ruts et leurs spasmes vociférés ;
Ceux qui n'aiment la chair que si le sang
Gicle aux yeux, frais et luisant ;
Ceux qui s'entr'égorgent à couteaux rouges,
Volets fermés, au fond des bouges ;
Ceux qui flairent l'espace
Avec, entre leurs poings, la mort pour tel qui passe ;
Tous passèrent par le moulin.

Aussi :

Les gamines et les vagabonds hâves
Qui s'accouplent au fond des caves ;
Les bougres roux qui habitent des fosses
Avec leurs rosses qu'ils engrossent ;
Les fous qui choisissent des bêtes
Pour s'assouvir de leurs tempêtes ;
Les mendiants qui déterrent les mortes
Rageusement et les emportent ;
Les couples noirs, pervers et vieux,
Qui instruisent l'enfant à coucher entre eux deux ;
Tous passèrent par le moulin.

Enfin :

*Ceux qui font de leur cœur l'usine
Où fermente l'envie et cuve la lésine;
Ceux qui dorment, sans autre vœu,
Avec leurs sous, comme avec Dieu;
Ceux qui projettent leurs prières
Croix à rebours et paroles contraires;
Ceux qui cherchent un tel blasphème
Que descendrait vers eux Satan lui-même;
Tous passèrent par le moulin.*

*Ils sont venus sournoisement,
Choisissant l'heure et le moment,
Les uns lents et chenus
Et les autres mâles et fermes,
Avec le sac au dos.
Ils sont venus des loins perdus
Gagnant les bois, tournant les fermes,
Les vieux, carcasses d'os,
Mais les jeunes, drapeaux de force.
Par des chemins comme une écorce
Ils sont montés — et quand ils sont redescendus,
Avec leurs chiens et leurs brouettes
Et leurs ânes et leurs charrettes,
Charger le blé, charger les grains,
Par groupes noirs de pèlerins,*

*Les grand'routes chariaient toutes,
Infiniment comme des veines,
Le sang du mal parmi les plaines.*

*Et le moulin tournait au fond des soirs,
La croix grande de ses bras noirs,
Avec des feux, comme des yeux,
Dans l'orbite de ses lucarnes
Dont les rayons gagnaient les loins.
Parfois, s'illuminaient des coins,
Là-bas, dans la campagne morne;
Et l'on voyait les porteurs gourds,
Ployant au faix des péchés lourds,
Hagards et las, buter de borne en borne.*

*Et le moulin ardent,
Sur sa butte, comme une dent,
Alors, mêlait et accordait
Son giroiement de voiles
Au rythme même des étoiles
Qui gravitaient, par les nuits seules,
Fatalement, comme ses meules.*

les Mendiants

Les jours d'hiver que le froid serre
Les bourgs, le clos, le bois, la fagne,
Poteaux de haine et de misère,
Par l'infini de la campagne,
Les mendiants ont l'air de fous.

Dans le matin, lourds de leur nuit,
Ils s'enfoncent au loin des routes,
Avec leur pain trempé de pluie
Et leur chapeau comme la suie
Et leurs grands dos comme des voûtes
Et leurs pas lents rythmant l'ennui ;
Midi les arrête dans les fossés
Matelassés de feuilles, pour leur sieste ;
Ils sont les éternellement lassés

*De leur cœur supplicié
De leur prière et de leur geste,
A travers temps, vers la pitié,
Si bien, qu'au seuil des presbytères,
Ils apparaissent, tel un filou,
Le soir, dans la brusque lumière
D'une porte ouverte tout à coup.*

Les mendiants ont l'air de fous.

*Ils s'avancent par l'âpreté
Et la stérilité du paysage
Qu'ils reflètent au fond des yeux
Lointains de leur visage ;
Avec leurs hardes et leurs loques
Et leur marche qui les disloque,
L'été, parmi les champs nouveaux,
Ils épouvantent les oiseaux ;
Et maintenant que décembre sur les bruyères
S'acharne et mord
Et gèle au fond des bières
Du cimetière
Les morts,
Un à un, ils s'immobilisent
Sur des chemins d'église,*

*Mornes, têtus et droits,
Les mendiants, comme des croix.*

Les mendiants ont l'air de fous.

*Avec leur dos comme un fardeau
Et leur chapeau comme la suie,
Ils habitent les carrefours
Du vent et de la pluie.*

*Ils sont le monotone pas
— Celui qui vient et qui s'en va
Toujours le même et jamais las —
De l'horizon vers l'horizon.*

*Ils sont les béquillants,
Les chavirés et les bancroches
Et leurs bâtons sont les battants
Des cloches de misère
Qui sonnent à mort sur la terre.*

*Ils sont les dédaignés
Des pleurs et des miséricordes,
Les épuisés et les usés
D'âme et de corps
Jusqu'à la corde.*

*Aussi, lorsqu'ils tombent enfin,
Crevés de soif, troués de faim,
Et se terrent comme des loups,
Le soir,
Au fond d'un trou,
Le désespoir
Plus vieux que n'est la mer
Se fixe en leurs grands yeux ouverts
Qu'aucune main jamais,
Avec de pâles doigts funèbres.
N'ose, pour les calmer,
Fermer
Dans les ténèbres.*

la Kermesse

Avec colère, avec détresse,
Avec ses refrains de quadrilles,
Qui sautèlent sur leurs béquilles,
L'orgue canaille et lourd,
Au fond du bourg,
Moud la kermesse.

Quelques ivrognes vieux, au coin des bornes,
Et quelques vieilles gens,
Au seuil des portes mornes.

Et quelques couples seuls qui se hazardent.
Les gars braillards et les filles hagardes,

Alors qu'au cimetière, deux corbeaux,
Sur des tombeaux,
Regardent.

Avec colère, avec détresse, avec blasphème,
Mais vers la fête,
Quand même,
L'orgue s'entête.

Sa musique de tintamarres
Se casse en des bagarres
De cuivre vert et de fer blanc
Et crie et grince dans le vide,
Obstinément,
Sa note acide.

Sur la place, l'église,
Sous le cercueil de ses grands toits
Et les linceuls de ses murs droits,
Tait les reproches
Solennels de ses cloches ;
Un charlatan, sur un tréteau,
Pantalon rouge et vert manteau,
En ses flacons, vend de la vie ;
Et l'on achète avec les derniers sous

*Son remède pour loups garous
Et l'histoire de point en point suivie
Sur sa pancarte
D'un bossu noir qu'il délivra de fièvre quarte.*

*Et l'orgue rage
Son quadrille sauvage.*

*Et personne, des hameaux proches
N'est accouru ;
Vides les étables, vides les poches —
Et rien que de la faim
Dont on puisse beurrer son pain ;
Dans la misère qui les soude
On sent que les hameaux se boudent,
Qu'entre filles et gars d'amour
La pauvreté découd les alliances
Et que les jours suivant les jours
Chacun des bourgs
Fait son silence avec ses défiances.*

*Et c'est toujours
L'orgue qui rage
Des cuivres lourds
De son tapage.*

*Se répondant au loin des bonds
D'abois d'effroi
Sautent, de plaine en plaine,
Les villages muets et blancs
Les écoutent se répondant,
Et le soleil avec ses dents
Mord les villages, veine à veine;
Et les grand'routes distendues
— Lignes de haies
Et ornières de craies —
Les grand'routes des quatre loins des étendues,
Comme allantes au bout de l'univers,
Tracent des croix par à travers.*

*L'orgue grinçant et faux
Dans son armoire
D'architecture ostentatoire
Criaille un bruit de faulx
Et de cisaille.*

*Dans la salle de plâtre cru
Où ses cris tors et discors, dru
Contre des murs de lattes
Eclatent,
Des colonnes de verre et de jouants batons
— Cliquant et or — tournent sur son fronton*

*Et les concassants bruits des cors et des trompettes
Et les fifres, tels un foret,
Cinglent et trouent le cabaret
De leurs tempêtes
Et vont, là-bas,
Contre un pignon, avec fracas,
Broyer l'écho de la grand'rue.*

*Et l'orgue avec sa rage
S'ameute une dernière fois et rue
Des quatre fers de son tapage
Jusqu'aux lointains des champs,
Jusqu'aux routes, jusqu'aux étangs,
Jusqu'aux jachères de méteil,
Jusqu'au soleil ;
Et seuls dansent aux carrefours,
Jupons gonflés et sabots lourds,
Deux pauvres fous avec deux folles.*

chanson de Fou

*Je suis celui qui vaticine
Comme les tours tocsinnent.*

*J'ai vu passer à travers champs
Trois linceuls blancs
Qui s'avançaient comme des gens.*

*Ils portaient des torches ignées
Des poisons verts et des cognées.*

*Peu importe l'homme qu'on soit;
Moi seul je vois
Les maux qui dans les cieux flamboient.*

Le sol et les germes sont condamnés,
— Vœux et larmes sont superflus; —
Bientôt
Les corbeaux noirs n'en voudront plus
Ni la taupe ni le mulot.

Je suis celui qui vaticine
Comme les tours tocsinnent.

Les fruits des espaliers se tuméfient
Dans les feuillages noirs,
Les pousses jeunes s'atrophient,
L'herbe se brûle et les germoirs
Subitement fermentent;
Le soleil ment, les saisons mentent.
Le soir, sur les plaines envenimées,
C'est un vol d'ailes allumées
De souffre roux et de fumées.

J'ai vu des linceuls blancs
Entrer, comme des gens
Qu'un même vouloir coalise,
L'un après l'autre, dans l'église.
Ceux qui priaient, au chœur,
Manquant de force et de ferveur,

*Les mains lâches, s'en sont allés.
Et, depuis lors, moi seul, j'entends
Baller
La nuit, le jour, toujours,
La fête
Des tocsins fous, contre ma tête.*

*Je suis celui qui vaticine.
Ce que les tours tocsinnent.*

*Au long des soirs et des années,
Les fronts et les bras obstinés
Se buteront en vain aux destinées:
Irrémissiblement,
Le sol et les germes seront damnés.*

*Dire le temps que durera leur mort ?
Et si l'heure résurgira
Où le vrai pain vaudra,
Sous les cieux purs de la vieille nature,
L'antique effort ?*

Mais il ne faut jamais conclure.

En attendant voici que passent
A travers champs
D'autres linceuls vides et blancs
Qui se parlent comme des gens.

le Fléau

*La Mort a bu du sang
Au cabaret des Trois Cercueils.*

*La Mort a mis sur le comptoir
Un écu noir ;
Et puis s'en est allée.*

*« C'est pour les cierges et pour les deuils »
Et puis s'en est allée.*

*La Mort s'en est allée
Tout lentement
Chercher le sacrement.*

*On a vu cheminer le prêtre
Et les enfants de chœur
— Trop tard —
Vers la maison
Dont étaient closes les fenêtres.*

*La Mort a bu du sang.
Elle en est soûle.*

*« Notre Mère la Mort, pitié ! pitié !
Ne bois ton verre qu'à moitié,
Notre Mère la Mort, c'est nous les mères.
C'est nous les vieilles à manteaux,
Avec leurs cœurs en ex-votos,
Qui marmonnons du désespoir
En chapelets interminables ;
Notre Mère de la Mort et du soir,
C'est nous les béquillantes et minables
Vieilles, tannées
Par la douleur et les années :
Les défroques pour tes tombeaux
Et les cibles pour tes couteaux. »*

*— La Mort, dites, les bonnes gens,
La Mort est soûle :
Sa tête oscille et roule
Comme une boule.*

*La Mort a bu du sang
Comme un vin frais et bienfaisant ;
Il coule doux aux joints de la cuirasse
De sa carcasse.*

*La Mort a mis sur le comptoir
Un écu noir ;
Elle en voudra pour ses argents
Au cabaret des pauvres gens.*

*« Notre-Dame la Mort, c'est nous les vieux des guerres
Tumultuaires,
Tronçons mornes et terribles entailles
De la forêt des victoires et des batailles,
Notre-Dame des drapeaux noirs
Et des débâcles dans les soirs,
Notre-Dame des glaives et des balles
Et des crosses contre les dalles,
Toi, notre vierge et notre orgueil,
Toujours si fière et droite, au seuil
De l'horizon tonnant de nos grands rêves,
Notre-Dame la Mort, toi, qui te lèves
Au battant de nos tambours
Obéissante et qui, toujours,*

Nous fus belle d'audace et de courage,
Notre-Dame la Mort, cesse ta rage,
Et daigne enfin nous voir et nous entendre
Puisqu'ils n'ont point appris, nos fils, à se défendre

— *La Mort, dites, les vieux verbeux,*
La Mort est soûle,
Comme un flacon qui roule
Sur la pente des chemins creux.
La Mort n'a pas besoin
De votre mort au bout du monde,
C'est au pays qu'elle fonce la bonde
Du tonneau rouge.
La Mort est bien assise au feu
Du Cabaret des Trois Cercueils de Dieu,
Elle exècre s'en aller loin,
Sous les hasards des étendards.

« *Dame la Mort, c'est moi, la Sainte Vierge*
Qui viens en robe d'or chez vous,
Vous supplier à deux genoux
D'avoir pitié des gens de mon village.
Dame la Mort, c'est moi la Sainte Vierge,
De l'ex-voto, là-bas, près de la berge,

C'est moi qui fus de mes pleurs inondée,
Au Golgotha, dans la Judée,
Sous Hérode, voici mille ans.

Dame la Mort, c'est moi, la Sainte Vierge
Qui fis promesse aux gens d'ici
D'aller toujours crier merci
Dans leurs détresses et leurs peines ;
Dame la Mort, c'est moi la Sainte Vierge. »

— La Mort, dites, la bonne Dame,
Se sent au cœur comme une flamme
Qui, de là, monte à son cerveau.
La Mort a soif de sang nouveau,
— La Mort est soûle —
Ce seul désir comme une houle,
Remplit sa brumeuse pensée.
La Mort n'est point celle qu'on éconduit
Avec un peu de prière et de bruit,
La Mort s'est lentement lassée
Des bras tendus en désespoirs ;
Bonne Vierge des reposoirs
La Mort est soûle
Et sa fureur, hors des ornières,
Par les chemins des cimetières

Bondit et roule
Comme une boule.

« La Mort, c'est moi, Jésus, le Roi,
Qui te fis grande ainsi que moi
Pour que s'accomplisse la loi
Des choses en ce monde.
La Mort, je suis la manne d'or
Qui s'éparpille du Thabor
Divinement, par à travers les lois du monde;
Je suis celui qui fus pasteur,
Chez les humbles, pour le Seigneur :
Mes mains de gloire et de splendeur
Ont rayonné sur la douleur,
La Mort, je suis la paix du monde. »

— La Mort, dites, le Seigneur Dieu,
Est assise près d'un bon feu,
Dans une auberge où le vin coule ;
Et n'entend rien, tant elle est soûle.

Elle a sa faux et Dieu a son tonnerre

En attendant, elle aime à boire, et le fait voir
A quiconque voudrait s'asseoir,

Côte à côte, devant un verre.
Jésus, les temps sont vieux,
Et chacun boit comme il le peut —
Et qu'importent les vêtements sordides
Lorsque le sang nous fait les dents splendides.

Et la Mort s'est mise à boire, les pieds au feu ;
Elle a même laissé s'en aller Dieu
Sans se lever sur son passage :
Si bien que ceux qui la voyaient assise
Ont cru leur âme compromise.

Durant des jours et puis des jours encor, la Mort,
A fait des dettes et des deuils,
Au cabaret des Trois Cercueils ;
Puis un matin, elle a ferré son cheval d'os,
Mis son bissac au creux du dos
Pour s'en partir à travers la campagne.

De chaque bourg et de chaque village,
On est venu vers elle avec du vin,
Pour qu'elle n'eût ni soif, ni faim,
Et ne fît halte au coin des routes ;
Les vieux portaient de la viande et du pain,

*Les femmes des paniers et des corbeilles
Et les fruits clairs de leur verger,
Et les enfants portaient des miels d'abeilles.*

*La Mort a cheminé longtemps,
Par le pays des pauvres gens,
Sans trop vouloir, sans trop songer,
La tête soûle,
Comme une boule.*

*Elle portait une loque de manteau roux,
Avec de grands boutons de veste militaire,
Un bicorne piqué d'un plumet réfractaire
Et des bottes jusqu'aux genoux ;
Sa carcasse de cheval blanc
Cassait un vieux petit trot lent
De bête ayant la goutte,
Contre les chocs de la grand' route ;
Et les foules suivaient, par à travers les n'importe où,
Le grand squelette aimable et soûl
Qui trimballait, sur son cheval bonhomme,
L'épouvante de sa personne
Vers des lointains de peur et de panique,
Sans éprouver l'horreur de son odeur
Ni voir danser, sous un repli de sa tunique,
Le trousseau de vers blancs qui lui têtaient le cœur.*

chanson de Fou

*Les rats du cimetière proche,
Midi sonnant,
Bourdonnent dans la cloche.*

*Ils ont mordu le cœur des morts
Et s'engraissent de ses remords.*

*Ils dévorent le ver qui mange tout
Et leur faim dure jusqu'au bout.*

Ce sont des rats
Mangeant le monde
De haut en bas.

L'église, elle était large et solennelle
Avec la foi des pauvres gens en elle,
Et la voici anéantie,
Depuis qu'ils ont, les rats,
Mangé l'hostie.

Les blocs de granit se déchaussent,
Les niches d'or comme des fosses
S'entr'ouvrent vides ;
Toute la gloire évocatoire
Tombe des hauts pilliers et des absides
A bas.

Les rats,
Ils ont rongé les auréoles bénévoles
Et les tranquilles mains
De la croyance aux lendemains,
Ils ont rongé les tendresses mystiques
Au fond des yeux des extatiques
Et les lèvres de la prière
En baisers d'or sur les bouches de la misère.
Les rats, les rats,
Ils ont rongé le champ, ils ont rongé le bourg entier
De haut en bas,
Comme un grenier.

Aussi
Que maintenant s'en aillent
Les tocsins fous ou les sonnailles
Pleurant pitié, criant merci,
Hurlant, par au delà des toits
Jusqu'aux échos qui meuglent,
Nul plus n'entend et personne ne voit :
Puisqu'elle est l'âme des champs,
Pour bien longtemps,
Aveugle.

Et les seuls rats du cimetière proche
A l'Angelus hoquetant et tintant
Causent avec la cloche.

le Départ

Avec leur chat, avec leur chien,
Avec, pour vivre, quel moyen?
S'en vont, le soir, par la grand'route,
Les gens d'ici, buveurs de pluie,
Lécheurs de vent, fumeurs de brume.

Les gens d'ici n'ont rien de rien,
Rien devers eux
Que l'infini, ce soir, de la grand'route.

Chacun porte au bout d'une gaule,
En un mouchoir à carreaux bleus,
Chacun porte dans un mouchoir,

Changeant de main, changeant d'épaule,
Chacun porte
Le linge usé de son espoir.

Les gens s'en vont, les gens d'ici
Par la grand'route à l'infini.

L'auberge est là, près du bois nu,
L'auberge est là de l'inconnu ;
Sur ses dalles les rats trimballent
Et les souris.

L'auberge, au coin des bois moisis,
Grelotte avec son toit mangé
Et la teigne de son enseigne
Qui tend dehors un os rongé.

Les gens d'ici sont gens de peur,
Ils font des croix sur leur malheur
Et tremblent ;
Les gens d'ici ont dans leur âme
Deux tisons noirs, mais point de flamme,
Deux tisons noirs en croix.

Par l'infini du soir, sur la grand'route,
Voici venir les ricochets des cloches
Là-bas, au carrefour des bois.

C'est les madones des chapelles
Qui, pareilles à des oiseaux au loin perdus,
Rappellent.

Les gens d'ici sont gens de peur,
Car leurs vierges n'ont plus de cierges
Et leurs rosiers n'ont plus d'odeur
Et là, dans leurs niches désertes,
Seules, quelques pâles cires inertes
Et des anges en papier peint.

Les gens d'ici ont peur de l'ombre sur leurs champs,
De la lune sur leurs étangs,
D'un oiseau mort contre une porte ;
Les gens d'ici ont peur des gens.

Les gens d'ici sont malhabiles,
La tête lente et les vouloirs débiles
Quoique tannés d'entêtement,

*Ils sont ladres, ils sont minimes
Et s'ils comptent c'est par centimes,
Péniblement, leur dénûment.*

*Leur récolte, depuis des chapelets d'années,
S'égrena vide en leurs granges minées;
Leurs socs taillèrent les cailloux,
Férocement, des terrains roux :
Leurs dents s'acharnèrent contre la terre
A la mordre jusqu'au cœur même.*

*Avec leur chat avec leur chien,
Avec l'oiseau dans une cage,
Avec pour vivre un seul moyen :
Boire son mal, taire sa rage,
Les pieds usés, le cœur moisi,
Les gens d'ici
S'en vont ce soir à l'infini.*

*Les mères traînent à leurs jupes
Leur trousseau long d'enfants bêlants,
Trinqueballés, trinqueballants ;
Les yeux clignant des vieux s'occupent
A refixer, une dernière fois,
Leur terre sèche, morte et grise,*

Où mord la lèpre comme la bise,
Où mord la rogne comme les froids.
Suivent les gars des bordes,
Les bras usés comme des cordes,
Sans plus d'orgueil, sans même plus
D'amour dans leurs cœurs vermoulus
Comme de vieux morceaux de bois,
Sans plus la force en leurs dix doigts
De se serrer en poings contre le sort
Et la colère de la mort.

Les gens des champs, les gens d'ici
Ont du malheur à l'infini.

Leurs brouettes et leurs charrettes
Trinqueballent aussi,
Cassant, depuis le jour levé,
Les os pointus du vieux pavé :
Quelques-unes plus grêles que squelettes
Entrechoquent des amulettes
A leurs brancards,
D'autres grincent leurs ais criards,
Comme les seaux dans les citernes,
D'autres sont de vieilles lanternes,
D'autres apparaissent des proues
De vieux bateaux cassés, mais dont les roues

Où l'on sculpta jadis le zodiaque
Semblent traîner le monde entier dans leur baraque.

Leurs chevaux las ballent au pas
Les vieux lattis de leur carcasse,
Le conducteur s'agite et se tracasse
Comme un moulin qui serait fou,
Lançant parfois vers n'importe où,
Dans les espaces,
Une pierre lasse
Aux corbeaux noirs du sort qui passe.

Les gens d'ici
Ont du malheur — et sont soumis.

Et leurs troupeaux rêches et maigres
Par les chemins rapés et par les sablons aigres
Egalement sont les chassés
Aux coups de fouet inépuisés
Des famines qui exterminent :
Moutons dont la fatigue à tout caillou ricoche,
Bœufs qui meuglent vers la mort proche,
Vaches hydropiques et lourdes
Aux pis vides comme des gourdes
Et les ânes avec la mort crucifiée
Sur leurs côtes scarifiées.

Ainsi s'en vont bêtes et gens d'ici,
Par le chemin de ronde
Qui fait dans la détresse et dans la nuit
Immensément le tour du monde,
Venant, dites, de quels lointains,
Par à travers les vieux destins,
Passant les bourgs et les bruyères
Avec, pour seuls repos, l'herbe des cimetières,
Allant, roulant, faisant des nœuds
De chemins noirs et tortueux,
Hiver, automne, été, printemps,
Toujours lassés, toujours partants,
De l'infini pour l'infini.

la Bêche

A l'orient du pré, dans le sol rêche,
Est là, pour à toujours, qui grelotte, la bêche
Lamentable et nue ;
Sous le ciel sec, la terre sèche ;
Et rien, sinon la maigre bêche,
Latte de bois seul, latte de bois nu.

— Fais une croix sur le sol jaune
Avec ta longue main,
Toi qui t'en vas par le chemin —

La chaumière d'humidité verdâtre
Et ses deux tilleuls foudroyés

Et des cendres dans l'âtre
Et sur le mur encor le piédestal de plâtre,
Mais la Vierge tombée à terre.

— Fais une croix vers la chaumière
Avec ta longue main
D'ombre triste sur le chemin —

Des crapauds morts dans les ornières infinies
Et des poissons dans les roseaux
Et puis un cri toujours plus pauvre et lent d'oiseau
Infiniment là-bas, un cri à l'agonie.

— Fais une croix avec ta main
Pitoyable, sur le chemin —

Aux verrous rouillés des étables,
L'orde araignée, elle a tissé l'étoile de poussière;
Et la ferme sur la rivière,
Par à travers ses chaumes lamentables,
Comme des bras coupés,
Croise ses poutres d'outre en outre.

— *Fais une croix sur le demain,*
Définitive, avec ta main —

Un double rang d'arbres et de troncs nus sont abattus,
Au long des loins des routes en déroutes,
Les villages — plus même de cloches pour en sonner
Le hoquetant dies iræ
Désespéré,
Vers l'écho vide et ses bouches cassées.

— *Fais une croix aux quatre fronts des horizons*

Car c'est la fin des champs et c'est la fin des soirs ;
Le deuil, au fond des cieux, tourne comme des meules
Les soleils noirs ;
Et des larves éclosent seules
Aux flancs pourris des femmes qui sont mortes.

A l'orient du pré, dans le sol rêche,
Sur le cadavre épars des vieux labours,
Domine là, pour à toujours,
Plaque de fer clair, latte de bois froid,
La bêche.

la Ville

Tandis qu'au loin, là-bas,
A l'occident, sous des cieux gras,
Avec sa tour comme un Thabor,
Avec son souffle et son haleine
Epars et aspirant les quatre loins des plaines,
C'est la ville que le jour plombe et que seule la nuit éclaire,
La ville en plâtre, en stuc, en bois, en marbre, en fer, en or,
— Tentaculaire.

TABLE

La Ville	7
Les Plaines	13
Chanson de Fou	17
Le Donneur de Mauvais Conseils	19
Chanson de Fou	25
Pèlerinage	27
Chanson de Fou	32
Les Fièvres	34
Chanson de Fou	41
Le Péché	44
Les Mendiants	49
La Kermesse	53
Chanson de Fou	58
Le Fléau	62
Chanson de Fou	70
Le Départ	73
La Bêche	80
La Ville	85

Im-
primé à
Bruxelles par
Alex. Berqueman,
pour Edmond Deman,
libraire. Et fut achevé le
vingtième jour du mois
d'Avril de l'an mil
huit cent qua-
tre-vingt
treize.